CB045931

CÍRCULO *Luna Parque*
DE POEMAS *Fósforo*

Dança para cavalos

Ana Estaregui

1ª reimpressão

Sumário

1. *aprender a pensar* [9]
2. *enterro aqui, nesta terra roxa* [10]
3. *como a flor do tabaco* [11]
4. *de todos os exercícios, caminhar* [12]
5. *um pouco como escrever a pedra* [13]
6. *é sempre difícil* [14]
7. *há alguma instabilidade* [16]
8. *daremos nossa água* [17]
9. *tudo será um limite* [18]
10. *dormem as mariposas* [19]
11. *difícil levantar* [20]
12. *em breve seremos aves* [21]
13. *lição de árvores* [22]
14. *ninguém aprende um novo idioma* [23]
15. *na língua dos deuses libélula* [24]
16. *o ar está vivo — eles nos dizem —* [25]
17. *pela mesma boca passam* [26]
18. *fazer como fazem os bichos* [27]
19. *como se pudéssemos* [28]
20. *se os dentes roçam nas gengivas* [29]
21. *com sua gordura animal* [30]
22. *não posso explicar o vento* [31]
23. *I am flowers* [32]
24. *o meu coração agora bate* [33]
25. *de manhã o sol* [34]
26. *as que comeram raízes brancas* [35]

27. *no pequeno-almoço o coração* [36]
28. *da madeira o papel se lembra* [37]
29. I. *assumo sua forma* [38]
    II. *dois corações batem*
    III. *olhar o contorno*
30. *nos ideogramas chineses* [39]
31. *a casa era aberta à lua* [40]
32. *medir o peitoril* [41]
33. *giram os planetas e todos os corpos luminosos* [42]
34. *não buscar mais* [43]
35. *nos entendemos melhor* [44]
36. *a palavra esperança* [45]
37. *agora, ao animal* [46]
38. *um poema para o último* [47]
39. *os grãos crus* [48]
40. *repetir o gesto, erguer* [49]
41. *ninguém está a salvo* [50]
42. *toda árvore se dobra* [51]
43. *se o mel cristalizar mais rápido* [52]
44. *depois do silêncio está a dança* [53]
45. *olhar o poema* [54]
46. *nenhum sono será suficiente* [55]
47. *se pela repetição é* [56]
48. *o pão, centro escuro do poema* [57]
49. *se tivesse nascido no japão* [58]
50. *quando souber do tempo* [59]
51. *atravessar o espesso* [60]
52. *lavar um carneiro no rio* [61]
53. *não se pode culpar os que comeram* [62]
54. *escolher com cautela* [63]
55. *na falta de damascos, anotei* [64]
56. *os peitos crescem* [65]

57. *uma flora* [66]
58. *o pão refaz o dia* [67]
59. *essa tristeza* [68]
60. *nesta garganta cabem* [69]
61. *mulheres costuram espigas* [70]
62. I. *parir* [71]
    II. *pela planta dos pés conhecemos*
    III. *a terra cansa, longa espera* [72]
63. *ela guarda no armário* [73]
64. *o corpo que agora se inclina* [74]
65. *porque seu cabelo* [75]
66. *o nosso silêncio* [76]
67. *o bicho espera a presa e salta:* [77]
68. *vê como ficam em repouso* [78]
69. *desejo cego dos herbívoros* [79]
70. *um poema transparente* [80]
71. *um animal longo respira* [81]
72. *tornar-se o bicho que se é* [82]
73. *a flauta que riscou o vento* [83]

Os meus cavalos aproximam-se rodopiando.
Os meus cavalos aproximam-se relinchando.
Rodopiando, aproximam-se.
Vindos de todo o universo, aproximam-se.
Os meus cavalos dançarão; oxalá tu possas vê-los
Os meus cavalos dançarão, uma nação de cavalos dançará; oxalá tu possas vê-los.

Black Elk

Para Flora

1.

aprender a pensar
como pensa uma flor
abrir
ninguém sabe melhor
pensar como pensa um rio
ir ir, a água sabe
ser água
lançar-se à outra ponta
todas as águas são a mesma
quando se chocam contra as pedras
pensar como pensa uma pedra
considerar
todas as substâncias
de seu corpo
insetos seiva
pétalas
pensar como pensa a terra
receber
ninguém sabe melhor criar
do que a terra a morte
frutos amarelos flores roxas
árvores como montanhas
aprender a pensar com a morte
a montanha

2.

enterro aqui, nesta terra roxa,
o órgão cru
puro sumo do presente
pena e pedra e alguma
palavra
falada com fumaça
enterro aqui
o meu próprio destino
ainda transparente
enterro os desenhos pré-históricos
os calendários verticais do tempo
branco espaço negro
enterro o futuro mel das frutas
nestas páginas o tempo
sempre irrecuperável de sol
as futuras gerações de aves
os dias ainda não experimentados
o mar, a mãe, o espaço

3.

como a flor do tabaco
e sua fumaça ofertada
já está no ar
com todo tipo de pluma
que se desmancha com vento
porque sempre esteve
no rio sem cor
que atravessa os arrozais
o fogo ou um poema
que não tem começo ou fim
mas cruza a paisagem
com sua pequena água
e não começa nunca
porque esse movimento
começar
não existe
é um gesto antigo
um desenho circular preexistente
uma cicatriz de nascença
um ovo

4.

de todos os exercícios, caminhar
andar para pensar melhor
estalar os ossos e esticar a cartilagem
até soltar todo o ar que havia
entre a pleura
e o pulmão
o pescoço, a bacia, o calcanhar
caminhar
resgatar a boa ordem dos pés
sequências intercaladas de peso
e suspensão
caminhar
para encontrar um vácuo, um vulcão
uma sequência de números primos
uma pedra um sinal amarelo brilhante
caminhar à noite, entre árvores
atravessar o quarteirão, farejar o alecrim
andar até o fim de um cais imaginário
andar como quem assopra
caminhar à luz do dia,
uma lanterna acesa

5.

um pouco como escrever a pedra
e não escrever sobre ela
carregar nas costas o peso
de repetição
e nem usá-la para riscar uma superfície
menos dura criando linhas
círculos mãos mas
escrevê-la por dentro, a pedra

6.

é sempre difícil
ler um poema em voz alta
fora do papel, da tela de luz
fora da casa
esperar que a voz se projete
um bom míssil
cruzar o céu
atingir em cheio uma ave no caminho
saber criar um risco de fumaça
desses que perduram por um tempo
antes de sumir
é sempre mais difícil
ler um poema em voz alta quando se tem asma
pegar o primeiro impulso armazenar o ar
abdômen e peito
fazer durar até o fim
quantas palavras ainda faltam
apenas uma braçada e
continuar
é sempre difícil
ler um poema em voz alta
tossir um pouco, ganhar tempo
criar uma pausa que não tinha
uma ave pousa por dois segundos no fio de cobre
é sempre difícil continuar
emendar no próximo verso
aproximar as frases
como se elas sempre tivessem
sido próximas

seria melhor se estivéssemos
debaixo da água
se os dias fossem mais opacos
como os olhos ilegíveis das alpacas
ou se pudéssemos ler isto em silêncio
e ainda assim nos comunicar

7.

há alguma instabilidade
em todas as coisas
até que se pronuncie o nome
em voz alta e com o corpo inteiro
escrito: isto
em qualquer língua
se pode conjurar a fruta
agora isto está aberto
podemos fixar por instantes
a sombra antes vaga de todas as árvores
a casa e até os espelhos
podemos
levar a cabo o sonho
à superfície fina dos acontecimentos
agora podemos tocar
na pele das coisas
sem queimar os dedos
tudo é perscrutável
exceto os barcos
que já estavam lá desde o começo

8.

daremos nossa água
como quem devolve sua última safra
em retribuição à dádiva
regaremos as plantas
diariamente
agora sabemos as quantias exatas
que cada uma precisa para crescer
trazemos o grande felino impresso nas costas
o modo como andamos
como espreguiçamos a coluna
nos arqueando para trás
o modo como aproximamos as mãos em concha
da boca
não precisamos mais esconder as presas
e nem as orelhas
dançando, acordaremos os cavalos
que agora descansam
no interior manso da casa
a casa já não tem paredes, *nós somos a casa*
palafitas ancas, penugem e luas em repetição
temos os cavalos no corpo
não: *somos os cavalos*
os músculos e não só

9.

tudo será um limite
escrever com uma ou duas mãos
poder engolir somente pela boca
não poder ver uma tamareira nascer
e dar tâmaras
as palavras terem sentidos
andar e não andar
dormir e não dormir
nascer, ter um filho,
dar-lhe um nome

10.

dormem as mariposas
nos troncos, floreiras
e caixas de luz dos condomínios
quase sempre invertidas
descansam à luz do verão
são como ervas, extrato do sono
óleo concentrado em vidro
voar, desistir, voar
sempre viradas para o sul
as *abuelas* tecem
o que já não é língua ou imagem
mas uma noite roxa
emprestada do oriente
dentro do sono há um cais
dentro do quarto, papéis
as mariposas, durante o dia, sonham com a noite
e durante a noite recomeçam
o exercício
voar, desistir, voar

11.

difícil levantar
uma casa
afundar portas e janelas
na terra o teto contra a planície
suspende as costas do céu
e desaparece

12.

em breve seremos aves
a coluna maleável os ossos leves
sairemos secos da água
penas e bicos impermeáveis
em direção às árvores
saberemos — por intuição
por qual direção seguir
em qual esquina dobrar
a essa altura teremos conquistado
a bússola originária
esta que habita o peito de qualquer bicho
fungo ou planta orientada pelo verão
em breve seremos aves
os olhos certos de caçar
de cima avistamos ruas e toldos
as embarcações que chegam à noite
do alto das copas das palmeiras

13.

lição de árvores
continuar
envergando a haste
em direção ao sol

14.

ninguém aprende um novo idioma
sem antes ter se lançado a ele
como se já o conhecesse
sem, por uma vez sequer,
ter arriscado supor
um significado desconhecido
uma sílaba impronunciável como se já soubesse
antes
o som e o sentido
por dedução
fúria dos ouvidos e coração
daqui debaixo escuto o som dos outros
e já não tento traduzi-los
galho a galho
pelo a pelo
pele contra músculos em "u"
ouvi-los de olhos fechados
as mãos sobre os joelhos

15.

na língua dos deuses *libélula*
água pajé flor
estão na mesma linha
sustentam o vácuo nas asas
agitam-se no rumor
do que se espalha pelo voo

16.

o ar está vivo — eles nos dizem —
e carrega partículas
como o pensamento carrega
sombras
e aves de grande porte

17.

pela mesma boca passam
a voz a água
o sopro

18.

fazer como fazem os bichos

I. criar

descer os degraus
onde as substâncias ainda
estão quentes
o caminho esquivo
das serpentes
olhar nos olhos dos grandes ursos
marrons ouvir
o que eles dizem

II. manter

aceitar a tristeza
regar as plantas
fazer como fazem os gatos
dormir, olhar a janela
beber um pouco d'água

III. destruir

em alto mar, subir até
perder as asas no voo
ser um ícaro de si mesmo
e depois finalmente cair,
afundar

19.

como se pudéssemos
fazer crescer pulmões novos
em corpos doentes
como se tivéssemos mesmo
o poder de reproduzir espécies
escritas durante o temporal
inventar a primeira ilha
criar uma gaivota branca
e depois fazê-la erguer seu corpo recém-articulado
em direção ao céu
diante da ossada e das peles
podemos apenas emprestar
a nossa presença
o silêncio do mogno
levantar um canto
cuja letra só será entendida
pelos objetos e pelas plantas

20.

se os dentes roçam nas gengivas
rangem a mandíbula pelo lado oposto
a margem esquecida da fala
é que foram feitos para rasgar as frutas
os nacos das fibras da manga
se as pernas têm os músculos firmes
é que são para escalar
e se as unhas não cessam de crescer — *e elas não param nunca*
é que foram feitas para agarrar com força
furar o dia
até que um líquido novo lhe escape

21.

com sua gordura animal
os bisões
pelagem castanha e ossaturas
migram às centenas
correntes visíveis na contraluz
das manhãs de gelo
o que se enxerga no crepúsculo
não se escreve, vê-se
o dorso escuro dos espinhaços
onde caça flecha e imagem
não alcançam

22.

não posso explicar o vento
não sei dizer como a coisa é
sem traí-la
tudo é impossível se tentarmos
apreender com as mãos
e a cabeça
sentar então aqui
nesta sombra verde escura
à grama úmida onde o sol
não chega
então é isso: o branco aberto
do ar de inverno
o círculo que se renova é um fio
isso é o que não tocamos — e brilha
agora sim posso arrumar com calma
os seus cabelos castanho-claros
atrás das orelhas — livrando os olhos

23.

I am flowers
diz a gorila enquanto desenha no ar
os sinais em língua surda
tocando em seu próprio peito
os músculos duros

I am flowers

24.

o meu coração agora bate
numa ilha
está fora, do outro lado da encosta
aqui sobrou areia
e de vez em quando venta
agora preciso soltar
aprender a remar de novo
as estruturas meio bambas
olhar ao redor
içar velas, respirar

25.

de manhã o sol
encobre os animais noturnos
sobre os quais a névoa varre
um lençol
são todas fêmeas, *veja*
essas que recolhem ossos
para depois erguê-los no ar
com seus cantos de pássara e pernas absolutas
são leoas que percorrem o descampado
com suas tetas de leite, filhotes
e um antílope retalhado entre os dentes

26.

as que comeram raízes brancas
limpando as cicatrizes e as carnes de caça
reluziram antes da cidade

27.

no pequeno-almoço o coração
bulbo aquoso de membrana transparente
a minha casa é transparente
como é transparente a minha voz
falada debaixo d'água
atrás do copo
ou do aquário
transparentes são as horas
somos como a córnea, o hímen
e o humor vítreo nos olhos de um cão
duas sementes de romã

28.

da madeira o papel se lembra
do vinco farpa casca
das tempestades de verão
cadeias de árvores
do tronco que se enverga no alto
com o peso acumulado dos pássaros
um livro, papel sobre papel

29.

para Flora

I.
assumo sua forma
de peixe rã flor de laranja
nenhuma forma é
completamente fixa
no sonho, no delírio, no copo de vinho
mas sobretudo de manhã

II.
dois corações batem
no mesmo corpo
penso que você talvez pense
o mesmo que eu porém
alguns batimentos adiante
no futuro

III.
olhar o contorno
de um mamífero
as costas refletem o céu
no dorso uma cordilheira
mas vista de frente — ninguém diria —
uma floração fóssil

30.

nos ideogramas chineses
existe um caractere correspondente
ao que não existe
a imagem evocada pelo seu desenho
pode ser traduzida pela figura
de um dançarino
ele também pode significar
não, nenhuma, nada, ainda não
ausente, vazio

o caractere traduzido por
o que existe
é composto por duas partes:
lua e mão
nas versões mais antigas
ele aparece como uma mão agarrando a lua
e também pode significar
ter, possuir, apropriar-se, haver
estar presente, aparecer,
o que está lá

o caractere traduzido por
nunca
designa um pássaro
que sai pra voar no céu
e não retorna mais
ele também pode querer dizer
não, nenhum, pouco,
cessar, ausência, vazio

31.

a casa era aberta à lua
e não havia espaços onde ela
não estivesse
digo casa, mas era uma sacada
um terraço de madeira
sobre a montanha
a casa virou uma bicicleta
e agora desliza pela superfície
sobre a terra somos uma só coisa:
casa, bicicleta, moça
todas temos uma mesma varanda
e os pés que quase não tocam o chão
temos a estrutura flexível
estamos prontas para o tremor, quando ele vier
alguns objetos cairão
outros continuarão intactos

32.

medir o peitoril
saber quantos cotovelos
se encaixam
neste terreno de ar
medir a distância dos joelhos
ao chão
onde bate a água, a marca
medir os cedros
os espectros
os pontos cegos do jardim
gigante, o céu
medir os buracos de luz
dentro do cesto
o tamanho do som
o peso bruto da madeira

33.

> *Estas folhas que estremecem na tarde*
> *não sabem que dançam*
> *à roda do universo*
>
> JOSÉ TOLENTINO MENDONÇA

giram os planetas e todos os corpos luminosos
giram as abelhas operárias e os gatos no acasalamento
giram todos os tornados redemoinhos e vendavais
giram as partículas de poeira na fresta de luz do quarto
giram as folhas secas, pólen, pistilos
quando se desprendem das árvores
em direção ao chão

34.

não buscar mais
que a própria coisa
e acolher então o mistério
pelo aprendizado bruto do olhar
que não apreende, nunca
domesticar as forças
a casa o teto as janelas
de vidro
as unhas que descascam as peras
não fazer delas bonecas
pequenos soldados de cera
e menos ainda compreender
de onde vêm mas apenas circundá-las
como uma voz que raspa a grama
a uma certa distância
a supor seus contornos

35.

nos entendemos melhor
no silêncio
você me olha e já sei
pela sobrancelha
pelas rugas da testa
e os animais que vejo cruzar seus olhos
quando há um poema
que surge no café da manhã
pão e café preto

eu leio você lê

— *bonito.*
— *bonito.*

36.

a palavra esperança
está vazia
não há sequer
um ruído de corte
uma taça que se quebre
estilhaçando vidro no ar
é preciso enchê-la
capim capim
deixar as ervas
deixar a água

37.

agora, ao animal
corpo espaço em transe
as distinções entre
quem come
quem é devorado
quem adormece ou acorda pra ver
já não existem
há somente o ato de comer

somos aqui o planalto sem nome
e por um tempo
nos esquecemos do grande osso de cabeça
e de tudo o que nele já foi calcário
terra algodão e tutano

riscamos as horas e os dentes ao falar
ao falar, nos tornamos as horas
do que são feitas as noites
quando recolhem as pedras
e como falam as pedras
contra a tempestade
uma após a outra
uma após a outra

38.

um poema para o último
rinoceronte branco
deve ter uma janela apontada para o leste
o sol acompanhando a tarde até se pôr atrás
dos elefantes
o poema para o último rinoceronte branco
deve conter acácias
para que ele se lembre sempre
de como era
calcular os quilômetros de savana
a distância entre árvores e capim repetido à exaustão
um poema para o último rinoceronte branco
deve conter água, girafas
deve amanhecer gelado
e ir esquentando ao longo do dia
a olho nu o último poema
para o rinoceronte branco
deve conter um espelho grande
apoiado verticalmente sobre o chão
para que ele não se esqueça
de como era poder enxergar
um último rinoceronte branco

39.

os grãos crus
de arroz
caem às centenas
no chão
e repicam
em muitos tempos
chovem um a um
um a um a um a um a um
um a um a um a um
um a um
um
de relance ou talvez
em câmera lenta
sejam mesmo
a própria chuva

40.

repetir o gesto, erguer
pálpebras
encostar coluna e pescoço
na estrutura oblíqua
riscar à sombra dos olhos
o olho mineral
ali onde se pressente
a forma de cada coisa

41.

ninguém está a salvo
entre a neblina e o mar
posso permanecer aqui
sem precisar explicar
os contornos, os perímetros
não há animal que finja ser o que não é
nada pode ser forjado entre plumas ou escamas
no silêncio de sua companhia
uma honestidade selvagem
uma civilidade nos passos
no modo como respiram em sossego
no modo como mastigam

42.

toda árvore se dobra
quando pela primeira vez
um fruto nasce
sumo e peso
a água pura e a seiva
escura
até o final dos dedos, os novos ramos
abrindo sépalas e esporos
até que tudo seja da cor do fruto
nesse momento a árvore
e tudo o que a antecedeu até ali
as sementes em forma de barco
toda a água
os galhos ceifados pela chuva, milhares
e milhares de anos
de antigas árvores iguais
repetindo, repetindo
os raios solares no inverno
os ninhos dos pardais
os pardais
tudo ali será amarelo
e mesmo as folhas verdes
e mesmo a casca escura

43.

se o mel cristalizar mais rápido
no inverno
esquentaremos em banho-maria
como você ensinou
tudo pode ser um refúgio nesses dias
uma colher de própolis
um gengibre
um maço de poejo
a flor branca da cúrcuma

44.

depois do silêncio está a dança
e os poemas que vieram
e desapareceram antes
de serem escritos

45.

olhar o poema
como quem olha a paisagem
uma sucessão de ruas
a perder de vista
algumas se cruzam em x
encruzilhadas de ofertar espuma
ou farinha
outras serão para sempre
paralelas no tempo
não irão tocar
pé a pé o calor do outro
às vezes cada linha é
um continente inteiro
com idioma próprio e mar
e o seu modo próprio de fazer:
apenas trigo água e sal

46.

nenhum sono será suficiente
para sanar os dias quebrados
dos nossos olhos

47.

se pela repetição é
possível entender
o ritmo de um passo
o constante retorno
a direção de um potro
distância ou resistência
a ser vista entre patas
é então o próprio espaço
onde as coisas se inscrevem
vácuo ou silêncio, pasto
o ritmo de um corpo
— um traço
a mesma língua dupla
da qual falavam os índios

48.

o pão, centro escuro do poema,
o miolo ainda úmido
é uma terra — ainda sem bordas

49.

se tivesse nascido no japão
talvez escrevesse mais
sobre as diferentes consistências do arroz
saberia como se comportam as algas
no inverno
como boiam as flores de cereja
saberia melhor desenhar um peixe dourado
como se ele fosse mesmo um ideograma
tecido sol nectarina no aquário
se tivesse nascido no japão
certamente teria facas mais afiadas
veria o primeiro raio sumir
e morreria antes, sem maturar
amansaria os felinos só com os dedos
de uma mão

50.

quando souber do tempo
de abrir nadadeiras
quando souber bem das escamas
quando conhecer os lugares de dormir
os sonhos que lhe são recorrentes
se preto ou azul
submerso ou exposto
e onde escondem as ovas
pupilas e morte cravada nas guelras
vai então saber
como fazer para nadar
nessas águas, vazante, mesmo livro

51.

para Carol Rodrigues

atravessar o espesso
das castanhas
o fundo escuro e macio de outra época
na ardência dos olhos
ainda não sabemos escrever o fim
um livro cinza a extinção
ainda não sabemos soletrar
as palavras azuis dos yanomami
não aprendemos que os pés
podem significar a mesma palavra
que o chão
imaginem só, nascer numa terra cujo nome
é o nosso próprio nome

52.

lavar um carneiro no rio
a miragem
pode ser mais nítida
do que a própria visão
lavar as contas no mar, querer
a cura salgada da água
às costas
lavar o corpo no escuro
os rituais são para os rios
lavar o rosto
as mãos
lavar os pés
dedos e unhas do carneiro
olhá-lo submergir
sustentar nas costas a força
de uma queda d'água
proteger o filhote, lavar o filhote.

53.

não se pode culpar os que comeram
os pequenos frutos do jardim
reescrevendo os mesmos poemas
com o suco roxo das amoras
a colheita solar é então: pitangas, mangas
e laranjas durante a tarde
somos tão moventes quanto as plantas
nascemos, vestimos roupas amarelas,
refletimos o dia por instantes
e depois secamos
com o declínio do sol

54.

para Carla Kinzo

escolher com cautela
o dia exato
de trazer uma cotovia
ao poema
alçar
no solo ondulante da página
um astro sem as asas
nem todo dia
é dia de sol

55.

na falta de damascos, anotei,
adoçar com ameixas

56.

os peitos crescem
como os dias
avolumam-se no reflexo verde
os mamilos descascam
e ardem com o sabão
em dois meses, dobraram de tamanho
ando agora arqueada, tentando
compensar o peso
um novo centro de equilíbrio
compasso em rotação esquiva
oblíquo o dobro do sangue é quase um litro
bombeado pelo músculo
agora a auréola escureceu
tem a cor de um figo maduro
um acontecimento de leite e espera

57.

uma flora
branca espera
de espuma para abrir
as mãos estão limpas
e as toalhas, secas
não há nada para se carregar hoje
além de água e os próprios ossos
a espera — colheita tardia
faz das uvas mais doces
é preciso aguardar o tempo de abrir
enquanto os dias
se sobrepõem pelo mormaço
e a luz do verão
o som da casa embala o sono das avencas
e do ventilador de metal
que bom que agora temos cortinas
assim podemos esconder
as rachaduras, as olheiras

58.

o pão refaz o dia
o trigo em farinha revive o solo
a luz do sol
os desejos da terra
na umidade da boca
o pão, calor e fermentação,
incha a manhã de espaço
preenche o quarto e a sala
o tempo refaz o sol
a cada manhã e mais
refaz também a noite
no mover das leveduras
refazer o pão, começar de novo,
sovar a massa e estender as horas
o instante dourado do trigo, esperar
nossa espécie faminta

59.

essa tristeza
abriu espaço
e então vieram as plantas
e os insetos

60.

nesta garganta cabem
todas as vozes
que por aqui já passaram antes
as formas circulares
de dor, criança ou fogo
aqui não importa mais quem
executa o movimento
tanto faz quem virá amanhã
se cartas entregador ou fumaça
as forças alternam receptáculos
desde que ocupem espaço
com seu corpo e dentes

61.

mulheres costuram espigas
em suas filhas
preenchem os buracos
nas pequenas ilhas
com os grãos e a saliva de ontem
e antes de ontem as avós
de longos dedos e as rodas de coser
as mulheres de linho branco
costuram a pele finíssima
futuro nariz e olhos castanhos
qualquer que seja o desenho
envolverá a boa sorte dos ovários
e a posição oblíqua da lua
em relação ao sol

62.

I.
parir
me une a cada mulher
me costura ao corpo de todas
as que assistem ao claro das noites
a noite é, sim, branca e os dias
brancos
é preciso rasgar os panos
coser as teias, furar
os olhos do touro
parir, achar o novo rosto
da mulher que trocou de pele
lá, onde todas irão acordar
com os cabelos soltos
e as colinas

II.
pela planta dos pés conhecemos
sabemos melhor o que é o chão
ficar de cócoras tocar as mãos
da última mulher agachada
estamos unidas pelos pés
eu ela a mãe da avó dela
à meia-lua, o braço inclinado sobre a cabeça
as ancas viradas de frente
puxar respirar repuxar
em breve seremos um lugar
tudo será um lugar de estar

III.
a terra cansa, longa espera
pelas árvores
doem os órgãos brancos
escondidos sob a planta dos pés
a terra aprende a dormir
entre as estações geladas
aprende a produzir novas formas
tubérculos rosados
capim-santo fresco
novos sabores para o melão
a terra descansa de seu próprio
sono fundamental
aguarda com paciência
os primeiros sinais do novo início
à espera de algo
e a cada vez que uma planta nova desponta
a terra parece se esquecer
do imenso cansaço

63.

ela guarda no armário
algumas tigelas de arroz sal e água
ela diz
que cada objeto tem
uma presença
como se apoiam sobre a mesa
como escorrem
como são capazes de se espatifar
produzindo luz

64.

o corpo que agora se inclina
é uma cidade inteira
que se abriu às chuvas
em aclive a erosão
o corpo, uma cadeira nova
ter uma filha nas ancas
edificar uma casa
enquanto
a chuva desaba a cidade

65.

porque seu cabelo
parecia tanto com uma árvore
e na fotografia
árvore mancha e mulher
fossem, lado a lado, a mesma coisa
a direção do vento
o que guarda dentro
de uma fruta espessa
de país quente, casca
talvez pelo vento
levando tudo a apontar para o sul
soubéssemos
que de verdade não há diferença entre
árvore mancha e mulher

66.

o nosso silêncio
é feito de rochas
a nossa fala morreu em ato
deixando em aberto o eco
choramos junto aos bois
e, com as mãos, juntamos
cabeça a cabeça
para emudecer após o baque
agora riscamos os dias
ao mover os pés
com os pés dançamos
sem dizer nenhuma palavra

67.

o bicho espera a presa e salta:
apenas ele
o seu coração vazio
e não saber

68.

vê como ficam em repouso
vê manada grupo alcateia
em ordenação cósmica
vê como fazem as araras no final da tarde
como voam em círculos concêntricos os urubus
ao redor do cachorro morto
como são os donos da tarde os felinos
e de todos os rituais do fim
vê
como dançam as arraias
pra fora do mar
saltando e quebrando em duas a rebentação
como se alimentam os bichos de longo bico
e como brilham alguns animais
quando se encontram embaixo da água
são, como qualquer coração de ave,
um pensamento que se move

69.

desejo cego dos herbívoros
diante de um rio
beber água, tornar-se presa

70.

um poema transparente
se reescreve a cada manhã
varrer o chão, dichavar
as flores
defumar a casa e os cantos
cegos entre a escada e o sótão
raspar a cera antiga que secou
enquanto ainda houver luz secar
ervas, roupas aquecer o corpo
enquanto houver
sol, o poema
ainda se move
na direção oeste

71.

um animal longo respira
aqui dentro
está atado ao tórax
e por vezes extrapola os ouvidos
os buracos dos olhos
com estas mãos move o ar como se fossem
asas
divido com ele os pulmões
e o coração
somos, antes de tudo,
um acontecimento sem dor
não temos nome
assim posso ensiná-lo a cavalgar
por estas terras de fogo e ar

72.

tornar-se o bicho que se é
reconhecer na cauda e nas orelhas
os filhotes
deixar que se manifestem
as vozes
que há muito vivem na garganta
falar
executar os movimentos leves
e pesados dos braços
que nadam cavam saltam
caminhar quando caminhar
dormir quando escurecer o dia
comer quando a fome vier
estar
no lugar exato do corpo
na mesma linha
dos olhos do instinto
dormir, comer, saltar
descansar

73.

a flauta que riscou o vento
anuncia um novo início
vindo pelo mar
se o passado começou no mar
e caminhou em direção à terra
patas contra nadadeiras
o futuro é então um barco a velas
forma-força bruta de braços e gargantas
seu rosto novo tem ar
e a feição ambígua da água
sal e guelras afiadas
essa coisa ainda sem nome
tem o metal e a luz
de um peixe abissal

*Por último
restarão apenas
tantos quantos
possam se sentar
à volta de um tambor*
　　　　　W. G. Sebald

Copyright © 2022 Ana Estaregui

Todos os direitos reservados. Nenhuma parte desta obra pode ser reproduzida, arquivada ou transmitida de nenhuma forma ou por nenhum meio sem a permissão expressa e por escrito da Editora Fósforo e da Luna Parque Edições.

O texto de epígrafe é um canto-poema transcrito pelo poeta John Neihardt sobre uma visão do xamã sioux-oglala Black Elk, com tradução de Fernando Gonçalves e Júlio Henriques.

A citação ao final, de W.G. Sebald, é do livro *O não-contado*, que teve fragmentos publicados na revista *Serrote* 10 (2012), com tradução de Tércio Redondo.

EQUIPE DE PRODUÇÃO
Ana Luiza Greco, Fernanda Diamant, Julia Monteiro, Leonardo Gandolfi, Mariana Correia Santos, Marília Garcia, Rita Mattar, Zilmara Pimentel
REVISÃO Sofia Mariutti
PRODUÇÃO GRÁFICA Marina Ambrasas
PROJETO GRÁFICO Alles Blau
EDITORAÇÃO ELETRÔNICA Página Viva

FSC
www.fsc.org
MISTO
Papel | Apoiando o manejo florestal responsável
FSC® C011095

A marca FSC® é a garantia de que a madeira utilizada na fabricação do papel deste livro provém de florestas gerenciadas de maneira ambientalmente correta, socialmente justa e economicamente viável e de outras fontes de origem controlada.

Dados Internacionais de Catalogação na Publicação (CIP)
(Câmara Brasileira do Livro, SP, Brasil)

Estaregui, Ana
  Dança para cavalos / Ana Estaregui. — São Paulo, SP :
Círculo de poemas, 2022.

ISBN: 978-65-84574-02-1

1. Poesia brasileira I. Título.

22-98834   CDD — B869.1

Índice para catálogo sistemático:
1. Poesia : Literatura brasileira   B869.1

Eliete Marques da Silva — Bibliotecária — CRB-8/9380

1ª edição
1ª reimpressão, 2023

CÍRCULO *Luna Parque*
DE POEMAS *Fósforo*

circulodepoemas.com.br
lunaparque.com.br
fosforoeditora.com.br

Editora Fósforo
Rua 24 de Maio, 270/276, 10º andar
01041-001 - São Paulo/SP — Brasil

CÍRCULO *Luna Parque*
DE POEMAS *Fósforo*

Este livro foi composto em GT Alpina e GT Flexa e impresso em abril de 2023. Aprender a pensar como pensa uma flor, seguir o tropismo das coisas: olhar e ver o mundo.